W0015831

Dieses Maxi Pixi gehört:

In dieser Maxi-Pixi-Serie »Leo Lausemaus« sind außerdem erschienen:

- Leo Lausemaus feiert ein Fest
- Leo Lausemaus will helfen
- Leo Lausemaus erlebt eine Überraschung

Maxi Pixi Nr. 321
© 2020 Carlsen Verlag GmbH
© 2020 der deutschen Originalausgabe by Helmut Lingen Verlag GmbH
© 2020 Giunti Editore S.p.A., Milano-Firenze
Dami International, a brand of Giunti Publishing Group
www.giunti.it
Illustrationen von Marco Campanella
Originaltext: Anna Casalis
Herstellung: Derya Yildirim
ISBN 978-3-551-03234-8

www.pixi.de

Leo Lausemaus

und das Gutenachtlied

CARLSEN

Ungeduldig liegt Leo Lausemaus mit Teddy im Bettchen. »Mama«, fragt Leo, »liest du mir heute eine ganz besonders lange Geschichte vor? Ich bin nämlich noch gar nicht müde.«

Die Mama lächelt:
»Na gut, aber dann
wird geschlafen!«
Nachdem Leos Mama
fertig gelesen hat,
gibt sie ihrer kleinen
Lausemaus noch einen
Gutenachtkuss und
geht dann in ihr eigenes
Schlafzimmer.

Leo kann aber wirklich nicht einschlafen. Also klettert er mit Teddy aus seinem Bettchen. Auf Zehenspitzen schleicht er ins Schlafzimmer der Eltern. Papa schläft schon tief und fest. Leo kann ihn schnarchen hören. Und Mama? Die ist noch wach und liest in einem Buch. »Mama, Mama«, flüstert er, »ich bin immer noch nicht müde!«

Mama legt ihr Buch beiseite, nimmt Leo auf den Arm und geht mit ihm zum Fenster. »Sieh mal, kleine Lausemaus, es ist Nacht und alle schlafen schon. Nur der Mann im Mond und seine Freunde, die Sterne, sind noch wach und leuchten hell.« Mama fängt leise an, ein Gutenachtlied zu singen, und wiegt Leo dabei sanft auf ihrem Arm. »La le lu, nur der Mann im Mond schaut zu …«

Leos Augen werden immer schwerer und schwerer. Und ohne dass er es richtig bemerkt, bringt ihn Mama wieder in sein Bettchen. Flüsternd singt Leo noch einmal: »La le lu …« Weiter kommt er gar nicht, denn – oh, du musst jetzt ganz leise sein – Leo ist schon eingeschlafen. Gute Nacht, kleine Lausemaus!

Leo Lausemaus

Die Nacht im Kindergarten

Leo Lausemaus liegt noch ganz verschlafen im Bett, als die Mama schon zum zweiten Mal ins Zimmer kommt, um ihn zu wecken. »Leo, du musst jetzt aber wirklich aufstehen. Du kommst zu spät in den Kindergarten. Ihr übernachtet doch heute alle dort. Das macht dir sicher großen Spaß!« Aber Leo kennt das noch nicht und deshalb weiß er auch noch nicht, wie schön das wird. Er mag gar nicht aufstehen, obwohl er doch sonst so gerne in den Kindergarten geht.

Leo Lausemaus ist natürlich doch noch in den Kindergarten gegangen. Er hat auch mit der Mama zusammen alles eingepackt, was er für so eine Übernachtung braucht: ein frisches Schlafhemd, ein Kissen und eine kuschelige Decke, die Zahnbürste und natürlich Teddy. Leo spielt jetzt fröhlich mit seinen Freunden und dabei vergeht die Zeit bis zum Abend wie im Flug …

Bis die Kindergärtnerin sagt: »Es ist spät geworden. Zieht euch bitte um und vergesst das Zähneputzen nicht. Wenn alle da sind, lese ich noch eine Gutenachtgeschichte vor.« Leo und seine Freunde beeilen sich, aber bis Fipsi fertig ist, vergeht eine ganze Weile. Da schlafen schon die meisten – und auch Leo ist mit Teddy im Arm längst friedlich eingeschlummert.

Leo Lausemaus

So ein schöner Traum

Eigentlich wollte Leo Lausemaus noch ein bisschen mit seinen Bauklötzen spielen, aber die Mama meint: »Komm, Leo, es ist Zeit zum Schlafengehen!« Leo ist davon gar nicht begeistert. »Och, jetzt schon?«
Aber da lässt die Mama nicht mit sich reden.
»Du brauchst deinen Schlaf, Leo!«

Natürlich liest die Mama
auch heute eine Gutenachtgeschichte vor. Leo und Teddy
liegen im Bett und lauschen
gespannt. Doch sie ist viel
zu schnell vorbei.

Leo fragt: »Oh, schon
zu Ende? Liest du mir
noch eine vor? Ich bin
noch gar nicht müde!«

Die Mama lächelt. »Ach, Leo, es ist schon spät, und wenn du erst einmal die Augen schließt, dann wirst du sicher bald einschlafen. Gute Nacht, du Lausemaus!«
Die Mama ist gegangen, aber Leo kann einfach nicht schlafen. Zu Teddy sagt er trotzig: »Ich bin überhaupt nicht müde! Soll ich dir noch eine Geschichte erzählen? Ich kenne eine ganz lange …« Leo beginnt mit seiner Geschichte. Aber während er so eingekuschelt daliegt, fallen ihm schon bald die Augen zu und er schläft ein …

Er träumt jetzt die Geschichte, die er Teddy erzählen wollte. »Sieh mal, Teddy, überall liegt Spielzeug. Und dort drüben ist ein riesiges Stück Käse. Komm, da hüpfen wir drüber!«
Ja, im Traum ist eben alles möglich. Also träum schön, kleiner Leo Lausemaus!

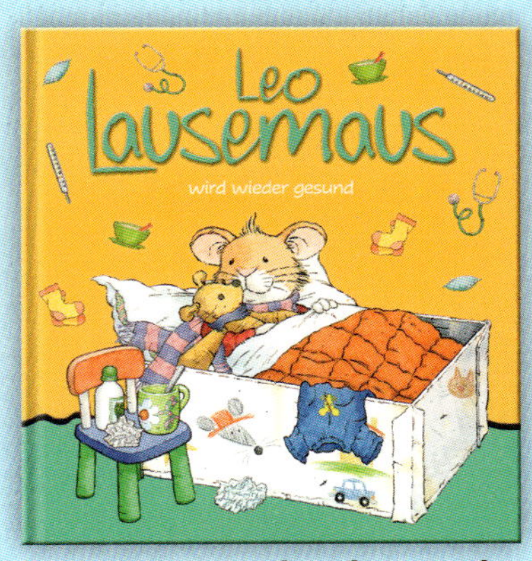

Leo Lausemaus wird wieder gesund
ISBN 978-3-963471-20-9

Mal- und Zeichenspaß
ISBN 978-3-963471-22-3

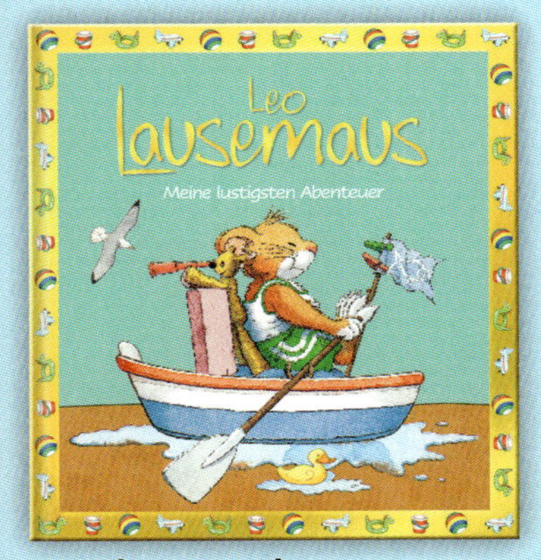

Meine lustigsten Abenteuer
ISBN 978-3-963471-21-6

Leo Lausemaus lässt sich nicht ärgern
ISBN 978-3-963470-87-5

Vorschul-Rätselblock
ISBN 978-3-963471-23-0

...überall im Handel oder unter www.leo-lausemaus.de